ACADÉMIE D'AMIENS.

DISCOURS DE RÉCEPTION

DE

M. le Comte de Gomer

RÉPONSE DE M. MOULLART

DIRECTEUR

(Séance du 24 mai 1872).

AMIENS

1872

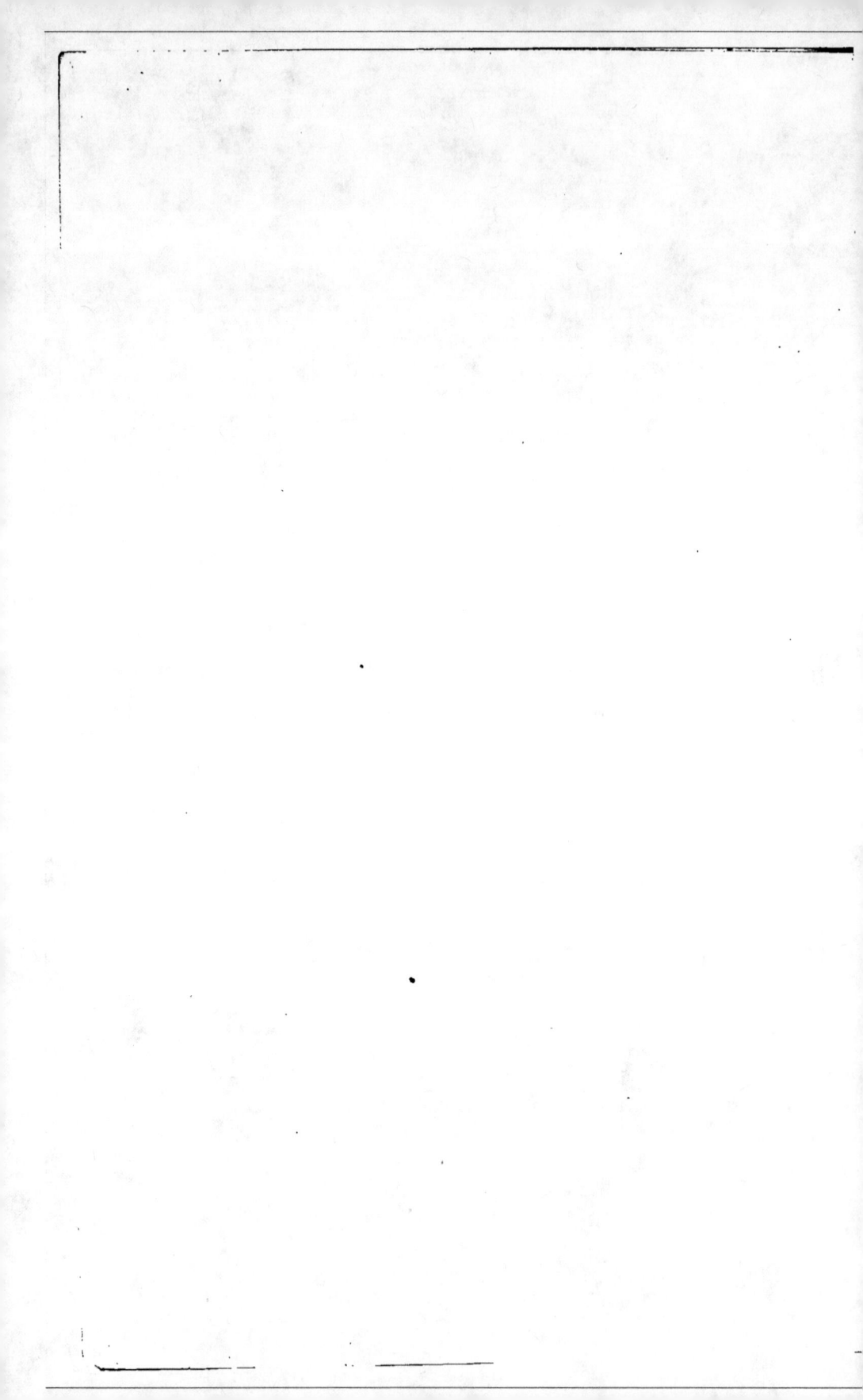

DISCOURS DE RÉCEPTION

De M. le Comte de GOMER

RÉPONSE DE M. MOULLART

DIRECTEUR

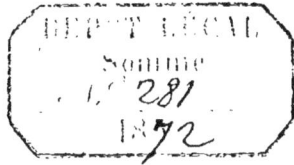

ACADÉMIE D'AMIENS.

DISCOURS DE RÉCEPTION

DE

M. le Comte de Gomer

RÉPONSE DE M. MOULLART

DIRECTEUR

(Séance du 24 mai 1872).

AMIENS

1872

DISCOURS DE RÉCEPTION

MESSIEURS,

Je ne puis me défendre d'une très-vive émotion au moment de prendre, pour la première fois, la parole pour vous remercier de l'honneur inespéré que vous avez bien voulu me faire, en m'appelant à venir siéger au milieu de votre savante compagnie, malgré la légéreté de mon bagage littéraire ou scientifique.

Toutefois, si je comprends l'indulgente bienveillance de vos suffrages, je sais aussi qu'ils s'adressent bien moins à moi personnellement, qu'à la Société que je représente, c'est à ce point de vue qu'il m'est permis de vous témoigner hautement ma gratitude.

Vous voulez que le glorieux héritage que vous avez reçu de vos devanciers ne périsse pas dans vos mains et vous travaillez à lui donner chaque jour un nouvel éclat. Votre compagnie a pris le titre d'Académie des Sciences, des Lettres et des Arts d'Amiens, dès lors tout ce qui se rattache à l'une de ces trois sections, avait sa place marquée au milieu de vous.

A défaut d'autres titres pour justifier l'extrême bienveillance de vos suffrages, je ne puis offrir à l'Académie d'Amiens que le désir de bien faire, l'amour du travail et enfin l'étude spéciale de certaines questions horticoles qui souvent, peut-être, ont été trop dédaignées par le monde savant.

L'horticulture aujourd'hui repose sur une base essentiellement scientifique ; depuis cent ans, mais surtout dans le XIX siècle, son cercle s'est considérablement agrandi, il est maintenant si vaste et si étendu, qu'il embrasse tous les genres de végétaux, et renferme ceux de tous les climats et de toutes les latitudes. Les sciences physiques et chimiques, aussi bien que les sciences naturelles, ont dû venir en aide à l'horticulteur pour lui permettre de conserver vivantes et de cultiver avec succès les plantes exotiques qui semblaient bannies à jamais de notre climat.

Pour y parvenir, il a fallu étudier la physiologie des plantes, il a fallu connaître, par l'étude de la botanique, le mécanisme de la vie des végétaux, se rendre compte des mystères de la nutrition et de la fécondation, aussi bien que des phénomènes du sommeil et du réveil des plantes. La flore des climats tempérés ne suffisant plus à satisfaire nos goûts, il a fallu aussi consulter les géographes et les astronomes pour nous renseigner sur les stations de nos nouvelles conquêtes et connaître spécialement les lois suivant lesquelles elles sont distribuées dans les diverses régions du globe.

Sans toucher au domaine de la politique, on peut dire que si les systèmes des hommes changent, les lois de la nature sont immuables, et qu'il faut demander le succès à leur étude, à leur application bien entendue. Cela constitue la science horticole libérée de toutes les vieilles routines.

Je suis amené, par ce qui précède, à dire que, comme toutes les autres, la science horticole a sa philosophie et sa moralité; elle se rattache, par les liens les plus étroits, à l'histoire des arts, des sciences, des institutions, des mœurs, de la civilisation en un mot et de plus à l'ensemble des phénomènes inhérents au climat de chaque pays et à la nature de ses productions.

Il s'ensuit évidemment que le champ le plus vaste, les aspects les plus variés, sont ouverts à l'horticulture; la mine qu'elle doit exploiter est inépuisable, il ne s'agit pour elle, comme pour le chercheur d'or, que de procéder par élimination et de choisir les parties les plus précieuses. Ce qui constitue dans une région l'aspect le plus pittoresque, les caractères les plus variés, ce qui distingue les divers climats, c'est assurément l'azur du ciel, les feux du soleil, les vallées verdoyantes, les montagnes abruptes, les eaux, les prés fleuris, enfin les arbres avec leurs splendides feuillages; on peut donc dire que l'art a réalisé ses plus heureuses conceptions lorsqu'il a tourné tous ses efforts vers le but de perfectionner et d'embellir ce que le Créateur a fait de plus beau et de plus merveilleux; et il faut convenir que l'architecture, malgré la magnificence de ses monuments, ne vient qu'en seconde ligne, lorsqu'il s'agit de donner la description des caractères distinctifs d'une région.

Cela est si vrai, que, lorsque Mahomet et bien d'autres sectaires à sa suite, ont voulu donner une idée du séjour de la félicité suprême, ils n'ont jamais pu imaginer autre chose qu'un jardin paré de toutes les merveilles de la nature et embelli par les chefs-d'œuvre de l'art.

Les Champs élyséens des Grecs et des Latins n'étaient de leur côté qu'un splendide jardin, où le pieux Énée rencontre tous ceux qui ont conservé leur innocence, ceux qui sont morts en combattant pour la patrie, ceux, en un mot, qui ont laissé sur la terre le souvenir de leurs bonnes actions.

Je ne parlerai pas du jardin des Hespérides, ce qui précède démontre surabondamment que les jardins représentent pour l'homme le beau dans sa plus haute expression.

En consultant les annales de l'histoire, on voit que l'Asie est généralement considérée comme le berceau des sciences et des arts, c'est assurément dans l'extrême Orient et dans l'Asie méridionale que se sont manifestés d'abord les rapides progrès de la civilisation. Ainsi, bien des siècles avant l'ère chrétienne, les Chinois consacraient les plus grands soins à la culture de leurs jardins qui de nos jours encore conservent le caractère qui leur avait été imprimé dans ces temps primitifs. Xénophon, qui écrivait 400 ans avant Jésus-Christ, parle avec détails du goût des rois de Perse pour leurs jardins ; « Ils veillent, dit-il, à ce que, dans toute l'étendue dans leurs domaines, ils soient pourvus de toutes les choses utiles et agréables, compatibles avec les facultés productives du sol. »

Plutarque, de son côté, rapporte que Lysandre fut reçu par Cyrus dans son jardin de Sardes, et que le général spartiate en ayant loué la beauté, Cyrus se fit gloire d'avoir présidé lui-même à sa formation et au choix des arbres qui en faisaient l'ornement.

Pline lui-même fournit sur la composition des jardins Perses les renseignements les plus précis. Il nous apprend que le dessin en était régulier, que les arbres étaient plantés en rangées rectilignes, et que les allées étaient bordées de touffes de roses, de violettes et d'autres fleurs odoriférantes; on y trouvait des pavillons de repos, des fontaines, des volières peuplées des oiseaux les plus rares, enfin des tours du haut desquelles on pouvait contempler l'ensemble du paysage.

Les jardins suspendus de Babylone ont acquis dans l'histoire une célébrité qui dispense de donner sur leur construction et leur disposition aucun détail.

Il n'en est pas de même des Egyptiens qui cependant, dans les siècles les plus reculés, avaient un tel goût pour leurs jardins, qu'ils exigeaient de certaines nations tributaires qu'elles payassent un impôt en graines ou en végétaux de leur pays et ainsi, dès-lors, on y voyait pendant toute l'année les fleurs les plus rares. On n'est, d'ailleurs, pas surpris de la prédilection des Egyptiens pour leurs jardins, quand on considère que l'Egypte, par sa position géographique, étant le point intermédiaire entre l'Inde, l'extrême Orient et l'Europe, peut voir prospérer, grâce à la fertilité de son sol, à la douceur de son climat, à l'action fécondante de ses eaux et des inondations périodiques du Nil, les végétaux les plus variés, et en même temps les plus utiles. De nos jours le souverain intelligent qui préside aux destinées de l'Egypte a su profiter de sa situation privilégiée pour y introduire, grâce à la navigation à vapeur, par le canal maritime de Suez, non seulement des graines mais encore des plantes vivantes venant de Maurice, de l'Inde, de la Chine et de l'Australie.

Je ne puis omettre ici, en passant rapidement en revue les jardins de l'antiquité, ceux des Grecs et des Romains qui, placés à la tête des peuples civilisés, firent des merveilles dans l'art des jardins auxquels les derniers surtout donnèrent un coup-d'œil des plus pittoresques et des plus grandioses, par les monuments et les chefs-d'œuvre d'architecture dont ils surent les remplir; au surplus, en étudiant leur composition, il est impossible de ne pas remarquer une ressemblance et une identité frappante entre les jardins romains, au temps de Trajan, et les jardins français au XVIIe siècle.

Après avoir fait une rapide excursion chez les autres nations du monde, pour signaler les points les plus saillants de leur histoire horticole, si nous procédons de la même manière à l'égard de la France, les Capitulaires de Charlemagne nous fournissent la preuve que dès-lors le plus sérieux intérêt s'attachait aux travaux horticoles, et que déjà on les considérait comme une nécessité de premier ordre. Plus tard, le roi Charles V construit le célèbre hôtel de St-Paul, il en fait dessiner les jardins, et dans ces divers travaux il déploye une prodigalité telle, que pendant un instant, il semble compromettre la réputation qui le fit surnommer le Sage.

Ce ne fut qu'au milieu du XVIe siècle que se développa en France la science botanique au point de vue de la culture, de la multiplication, et surtout de la naturalisation et du perfectionnement des espèces végétales ; c'est alors également que commence la construction des serres chaudes pour la culture des plantes exotiques. Déjà à cette époque la Belgique et la Hollande occupaient le premier rang parmi les nations chez lesquelles la botanique était en honneur. Mais bientôt la France, qui a le talent d'apprécier tout ce qui peut flatter l'esprit et les sens, et de s'approprier toutes les innovations qui peuvent permettre de développer le goût qui la distingue, était appelée à prendre place parmi les nations renommées pour leurs jardins, et l'histoire consacre la gloire que s'est acquise, depuis la fin du XVII° siècle jusqu'au milieu du XVIII°, un artiste dont le nom domine toutes les célébrités du même genre ; je veux parler de Le Nôtre qui fut assurément l'une des personnalités les plus intéressantes du règne de Louis XIV.

Il étudia les jardins italiens sans cependant leur faire aucun emprunt. Son séjour à Rome ne fut marqué que par ses entrevues avec sa Sainteté le pape Innocent XI, à qui il fit plusieurs réponses remplies de tact et d'intelligence. Le roi Louis XIV, qui tenait son talent en très-haute estime, conserva toujours pour lui une grande affection et lui demanda, lorsqu'il prit sa retraite de surintendant des jardins royaux, de revenir le voir de temps en temps. Le Nôtre promit et tint parole ; et un jour que le Roi voulut en personne lui faire les honneurs des jardins de la résidence royale de Marly, nouvellement créée par Mansard, il le fit monter avec lui dans sa chaise avec le célèbre architecte. « Ah ! que mon bonhomme de père, dit Le Nôtre, ouvrirait de grands yeux, s'il vivait encore, et qu'il me vît assis, dans ce carosse, auprès du plus grand roi de la terre !

« Il faut convenir, ajouta-t-il, que votre Majesté traite bien son maçon et son jardinier. »

Vers la fin du XVIIIe siècle, on essaya, pour le dessin des jardins, de se soustraire à la tyrannie de la règle et du compas, et l'on s'efforça de faire d'un jardin l'imitation de la nature; l'honneur d'avoir inauguré ce nouveau style appartient à William Kent.

Assez peintre pour sentir les charmes d'un paysage, assez hardi pour oser donner les préceptes d'une science nouvelle, et possédant assez de génie pour concevoir le système qui ne s'était révélé jusque là que par des essais imparfaits, il comprit le pittoresque contraste des côteaux et des vallons se liant imperceptiblement l'un à l'autre. Les grands principes qu'il mit en œuvre étaient la perspective, l'ombre et la lumière. Ainsi le paysage naturel, sous ses mains habiles, fut souvent corrigé, quelquefois embelli, jamais dénaturé. Pour établir un parallèle entre William Kent et Le Nôtre, on peut dire qu'avec ses lignes mathématiques Le Nôtre fut un architecte, tandis que Kent fut un paysagiste copiant la nature dans ce qu'elle offre de pittoresque.

Mais ce n'était pas assez d'avoir dessiné un jardin, d'avoir profité de tous les avantages que pouvait offrir la perspective, il fallait arriver à décorer les diverses parties des jardins, à perfectionner leurs détails, c'est alors que l'on fut ramené à la culture des fleurs, que l'on semblait avoir tout à fait perdue de vue, et sous ce rapport on peut dire que depuis le commencement de notre siècle on a vu s'accomplir des miracles.

Les climats tempérés nous ont fourni un large contingent de plantes ornementales, mais parmi les conquêtes

intéressantes dont se sont enrichies nos collections de
végétaux exotiques, il faut placer en première ligne la
nombreuse famille des Orchidées qui justifient la prédilection dont elles sont l'objet par leur beauté et leur
singularité. Avant de les avoir classées au nombre des
plantes naturalisées dans notre climat, le monde horticole
avait reçu une impression profonde à l'apparition de la
tribu de ces plantes fantastiques ; on est forcé d'admirer
leurs formes étranges, leurs *facies* insolites, l'élégante
bizarrerie de leurs inflorescences, tantôt déliées, menues,
aériennes, tantôt lourdes et monstrueuses d'aspect, ici,
sombres, velues, bigarrées, imitant des volées entières
d'insectes, de papillons, d'oiseaux d'un autre monde; là,
grandioses et brillant des couleurs les plus vives et les
plus délicates. L'amateur studieux reconnaît qu'il y a
pour lui un vif intérêt, une attraction puissante, dans
l'examen et dans les essais de culture de ces plantes, filles
de l'air, dont la nature exceptionnelle et le genre de vie
tout à fait imprévu renversent toutes les idées reçues en
horticulture jusqu'à leur apparition et déconcertent
toutes les routines. Pour les conserver, et surtout pour
réclamer le tribut de leurs fleurs, il a fallu étudier spécialement ces plantes créées pour vivre sans toucher la
terre, suspendues aux troncs et aux rameaux des arbres,
sous l'ombre épaisse des forêts vierges, bercées et
nourries par les brises tièdes et humides de la zône
torride.

Je m'arrête, Messieurs, avec l'espoir qu'il me sera
permis de mettre sous vos yeux, durant le cours de votre
session accadémique, un travail sur la vie des plantes

qui croissent naturellement dans les diverses régions du globe; il pourra être suivi d'une étude sur les végétaux exotiques transportés dans notre climat. Aujourd'hui, je me garderai bien de prolonger, aux dépens de votre patience, la description des végétaux exotiques qui sont entrés dans nos cultures depuis le commencement du siècle, et après avoir considéré le rôle important dévolu à l'horticulture chez les peuples les plus avancés dans la civilisation, je me crois autorisé à conclure que trop souvent l'horticulture est méconnue par ceux-là mêmes, qui devraient avoir mission de travailler à son développement perfectionné. Sans doute au milieu des sociétés savantes il lui a manqué des avocats intelligents, des praticiens instruits, qui sachent rappeler que les végétaux, pris dans leur ensemble, constituent un des trois grands règnes de la nature : intermédiaires entre le règne minéral et les animaux, ils ont pour mission de fournir à ces derniers les matériaux organisés par lesquels leur vie s'entretient. Un tel rôle exigeait la prodigieuse diversité de formes qu'ils offrent à notre observation. Pour accomplir leur destinée providentielle, ils devaient être appropriés à toutes les conditions de sols et de climats où les animaux sont appelés à vivre et les hommes à exercer leur empire.

L'horticulture intimement associée à l'agriculture, fournit à l'homme les moyens d'arracher à la nature, les innombrables éléments de vie et de richesse qu'elle produit sans cesse et sous tous les climats. Un tel rôle nécessite pour l'étude de la vie et du caractère des plantes, des notions de botanique et de physiologie végétale, auxquelles il faut joindre des connaissances de physique et de chimie, lorsqu'on veut arriver aux procédés de culture.

Un vaste champ d'études et de travaux est donc ouvert à tous ceux qui ne dédaignent pas l'horticulture et savent reconnaître qu'en même temps qu'elle procure la joie des yeux, par l'éclat de ses fleurs, elle pourvoit, par ses fruits et ses plantes alimentaires, à la satisfaction des plus impérieuses nécessités de la vie.

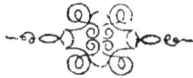

RÉPONSE DE M. MOULLART

MONSIEUR,

Un des jours brumeux de ce printemps sans soleil, deux visiteurs partaient pour Courcelles. Pendant le trajet, l'un, introducteur aimable et bienveillant, traitait en homme compétent des serres et des jardins que vous y aviez créés : l'autre, absolument ignorant, écoutait pour s'instruire les descriptions intéressantes de son compagnon ; il avait à parler de vous dans une occasion solennelle, et la lecture de quelques-uns de vos mémoires sur l'horticulture lui avait donné le vif désir de voir, au moins rapidement, la pratique réalisée de vos idées ; c'était, lui semblait-il, nécessaire, s'il voulait essayer d'entretenir dignement, malgré son insuffisance, une assemblée qu'il savait être indulgente quoiqu'elle ait le droit d'être difficile.

Vous dirai-je que j'ai été heureux de mon idée ? On trouve, en effet, dans la vue de vos œuvres vivantes un attrait qui entraîne et subjugue. Je ne sais s'il n'y a pas quelque naïveté à l'avouer : vos écrits sur tant de parties variées d'un sujet toujours le même et que vous

connaissez à fond étaient pour moi lettre close, j'avais
essayé de comprendre, peut-être avais-je cru comprendre. Je m'étais sans doute trompé, car il me semble
que la lecture postérieure à la visite fut toute différente
de celle qui l'avait précédée

Je ne suis pas plus horticulteur qu'avant ; pourtant
tout étranger que je sois resté à cet art fécond, la portée
et le sens m'en sont apparus plus clairement, comme
si l'admiration des choses entrevues échauffait l'esprit
et allait quelquefois jusqu'à lui donner une lumière
qu'il n'a pas naturellement.

Quoiqu'il en soit, vos écrits me frappèrent plus vive-
ment, je les étudiais avec un attrait grandissant qui
m'étonnait ; votre langage concis et scientifique me
parut plus net et plus exact encore. Vous dites ce qu'il
faut, rien que ce qu'il faut dire. Je ne sais si un horticulteur signalerait dans tels de vos rapports des lacu-
nes ; mais je sais que c'est clair. Dans toutes les sciences
pratiques il y a des maîtres trop rares qui parlent
ainsi : on les reconnaît à leurs exposés sobres, ordonnés,
précis ; la solidité de leurs connaissances leur fait éviter
le vain étalage d'une érudition indigeste. On peut
ignorer, par exemple, la culture de la vigne, mais que
des praticiens lisent le rapport dans lequel vous exposez
la méthode pour la culture à l'air libre ou protégée
par des châssis, il semble impossible qu'ils hésitent et
se trompent sur l'application des procédés que vous
recommandez.

On peut toujours distinguer dans vos rapports destinés
à vulgariser des méthodes éprouvées : les lois certaines
d'avec des faits réputés généraux que vous n'avez pas

constatés personnellement ; les règles que vous avez suivies dans des cas particuliers des conseils par lesquels vous indiquez une pratique intelligente de moyens spéciaux. Rarement votre auditeur reste dans le doute : il sait toujours ce qu'il doit faire, car je constate que vous inspirez l'esprit de discernement ; on doit vous suivre sans vous copier, comme vous le voulez, avec mesure, avec tact, et non avec cette servilité irréfléchie mère de la routine. Je me rappelle votre courte note sur la culture des asperges de primeurs, votre description des opérations délicates du ciselage et de l'effeuillage de la vigne. Il faudrait citer ici, parmi beaucoup de sujets qu'on regrette de laisser de côté, le passage d'un de vos mémoires où, après avoir expliqué ce qu'est la terre de bruyère, vous indiquez les conditions de son excellence, et comment on peut les réaliser : vous le faites avec une telle propriété d'expressions, que le lecteur inexpérimenté peut voir les racines puisant la nourriture répandue partout et qu'ont préparée l'air et l'humidité pénétrant plus facilement dans le sol ameubli d'après vos conseils.

Votre style n'est pas seulement correct, comme il convient à la science ; il est, quand il le faut, imagé ou brillant ou singulièrement approprié à une pensée difficile à exprimer. Si vous parlez des difficultés qu'il y a à faire vivre chez nous ces fleurs que vous aimez tant, ces pauvrettes arrachées au pays du soleil, dont la vie toujours menacée dans nos rudes climats y est devenue si délicate, vous constatez qu'elles vivent cependant : « On est parvenu à créer dans tous les climats « une saison que n'avait point indiquée la nature. »

Lorsqu'en traitant devant le Congrès scientifique de France la question de la naturalisation des végétaux, vous signalez les variétés des flores de tant de pays, dues à des conditions multiples que vous exposez, vous résumez heureusement votre pensée : « On discerne « mieux la valeur de ces rapprochements quand, au « lieu de considérer les latitudes, on envisage aussi « l'altitude des lieux, cause non moins déterminante et « cause tellement puissante, qu'elle met, pour ainsi « dire, sous nos yeux, dans un espace restreint et « comme dans un magique panorama, la succession de « tous les climats du globe. » Ici, vantant les vertus médicinales des plantes, vous les appelez « des pharma-cies vivantes »; là, vous montrez l'horticulteur devenant en quelque sorte, par ses expériences, l'échantillonneur du cultivateur, et votre démonstration vous donne le droit de qualifier votre science de « sœur aînée de l'agriculture. »

Vous êtes maître de votre sujet ; toujours le mot accourt obéissant à l'appel de votre pensée pour en mieux dessiner les contours et en nuancer les détails.

L'Académie est encore, j'en suis sûr, sous le charme de la description de vos fleurs préférées : les Orchidées, « ces filles de l'air, » comme vous les appelez, « dont « la nature exceptionnelle a déconcerté toutes les rou-« tines; » ces plantes qui, dites-vous encore dans une autre description plus développée, « ne connaissent « pas plus que leur patrie originaire le mouvement des « saisons, et ne suivent pas dans leur vie une marche « régulière et successive », qu'il importe, par consé-quent, de tenir constamment dans une serre chaude à température égale pour ne pas leur faire trop sentir leur exil.

Comme vous aimez la nature, et comme le sentiment de son charme puissant respire dans toutes vos œuvres! Vous venez, dans une comparaison que vous vous êtes plu souvent à rappeler, de mettre à côté l'une de l'autre l'architecture et l'horticulture. Et on le sent, vous mettez celle-ci au-dessus de la première. Cela se comprend, aprèstout : Dieu est le jardinier suprême, le paysagiste qui a disposé si harmonieusement ces sites variés et ce monde extérieur, si pittoresque. Quand il a voulu se faire horticulteur, l'homme n'avait donc qu'à regarder, à admirer et à imiter, il trouvait le secret des compositions heureuses dans le monde physique ordonné par l'artiste suprême, il lui prenait ses fleurs, ses arbres et tous ces éléments du beau mis à son service avec tant de profusion : il a fait du tout ces jardins et ces parcs, vrais poèmes qui ravissent le regard. Architecte au contraire, l'homme a dû créer de toutes pièces et son plan et ses matériaux ; si grandioses que soient les monuments fruits, de son génie et de son sentiment religieux ou artistique, si élégants que puissent être ceux que l'emploi nouveau des métaux lui permet d'élever, il y a toujours en eux quelque chose de la sécheresse des lignes géométriques qu'on ne trouve pas dans la nature. Vous avez fait comprendre ces choses, Monsieur. Ceux qui préfèrent, comme moi, les créations de William Kent, le paysagiste, à celles de Le Nôtre, l'architecte, savent maintenant pourquoi ils le font. Si cette préférence est une hérésie artistique, je crois bien que vous en êtes fauteur, et que vous ne condamnerez pas trop ce goût qu'au grand siècle on eût trouvé si peu correct.

Je viens de dire que l'horticulteur n'est qu'un imitateur; n'y a-t-il pas là une exagération? Vous avez montré qu'il était plus que cela, et, jamais je n'ai mieux compris qu'en lisant vos écrits la différence qui existe entre la science et l'art. Quand il est dans le domaine de la science, l'homme trouve détail par détail les lois qu'il ne fait pas, il abstrait, ses connaissances sont morcelées; dès qu'il arrive à l'art, le praticien qui veut réaliser ses conceptions, est obligé au contraire de concentrer toutes les notions qu'isolent les sciences, de réunir ces rayons séparés en un faisceau qui éclaire son esprit inventif, et lui fait voir dans un ensemble parfait les conditions essentielles à la réalisation de l'œuvre projetée.

C'est là votre doctrine, Monsieur, et l'on vous voit toujours chercher à faire pénétrer chez les horticulteurs la nécessité du savoir : vous montrez qu'ils doivent à chaque instant demander leurs enseignements à la physique, à la chimie, à la botanique, pour ne parler que des sciences principales, et si l'horticulteur est complet, pour dessiner ses jardins et ordonner leurs massifs, il puisera aux mêmes sources que le peintre pour y apprendre les lois de la perspective, du jeu des lumières et des ombres, de l'opposition des couleurs et tant d'autres.

Ainsi fait l'horticulteur, votre idéal ; ainsi vous-même, Monsieur, essayez-vous de devenir créateur. La science, en vous révélant l'ordre dans la nature, vous a montré en même temps que contenu par ses lois immuables, l'homme peut cependant, dans le cercle très-large où elle le laisse agir, modifier les formes et les couleurs, et trouver, en quelque sorte, pour l'ornement de ses jardins, des éléments qu'elle ignorait. Lorsque dans vos serres et dans vos jardins, exerçant cette puissance sur les plantes obéissantes, vous avez transformé vos fleurs et vos fruits, cette tranquille royauté de l'homme, vous a fait jeter un regard de tristesse sur le spectacle que présentent l'humanité et ses mobiles systèmes.

Oui!..... Pourtant qui pourrait nier, après avoir étudié l'homme dans l'histoire, l'immutabilité des lois qui régissent la société. Elles sont, elles ont été plus longues à reconnaître, j'en conviens : Newton découvrit plus facilement l'attraction, car la mécanique céleste subit passivement des lois qu'elle ne peut changer, tandis que l'homme social n'obéit aux lois également immuables de sa nature, que s'il les voit et s'il le veut. Bastiat constatait leur existence et leurs harmonies, et disait que si Newton, après sa découverte, ne prononçait plus le nom de Dieu sans se découvrir, c'est avec bien plus de raison que « nous devons nous incliner devant « la sagesse éternelle, à l'aspect de la mécanique sociale « où vit aussi la pensée universelle, *mens agitat molem*, « mais qui présente de plus ce phénomène extraordi- « naire que chaque atome est un être pensant, animé, « doué de cette énergie merveilleuse, de ce puissant de « toute moralité, de toute dignité, de tout progrès, « attribut exclusif de l'homme : la liberté. »

L'humanité donc est soumise, comme la nature, à des lois immuables qui limitent notre pouvoir : il n'y a de changeant que l'ignorance de l'homme qu'il peut guérir, il n'y a de mobile que ses passions qui le poussent à la licence si la raison ne les guide, il n'y a de modifiable que les instruments et les institutions qui lui facilitent le double gouvernement des choses physiques et des choses sociales. Dans le champ immense ouvert à son activité par Dieu même, l'homme se meut avec sa responsabilité; elle lui fait apparaître, dans des sanctions diverses et fatales, les limites tracées à sa liberté : le laid, la stérilité, la maladie, la difformité, la guerre, l'anarchie....., tous les maux enfin, chaque fois que, volontairement ou involontairement, il viole une de ces lois immuables. Il faut, s'il veut vivre, s'il veut donner le jour à des générations plus pressées et plus heureuses, qu'il trouve et répande la science, qu'il commande en souverain à son corps dompté et devenu un instrument docile de ses volontés éclairées, qu'il cherche des procédés et des institutions de plus en plus perfectionnées. C'est ainsi qu'en respectant leurs lois immuables, mais fécondes, le monde social et le monde physique seront de mieux en mieux cultivés.

L'Académie me pardonnera si je me laisse aller à ces pensées philosophiques que me suggère, Monsieur, la lecture de vos trop courts écrits.

Ils poussent, en effet, à la science comparée par les horizons qu'ils ouvrent. Ce n'est pas que vous ayez l'ambition de sortir des domaines scientifiques que vous vous êtes choisis; rarement un mot vous échappe qui soit hors de votre sujet et trahisse des préoccupations d'un autre ordre. Mais, malgré votre réserve la netteté de votre exposition des lois naturelles permet d'en mieux saisir l'enchaînement harmonique avec celle de la société; celui qui vous lit trouve mille points de comparaison à dégager de vos écrits.

En voici une dernière preuve . « Dans la vie des « plantes, dites-vous dans je ne sais quel mémoire, l'acte « le plus considérable est la floraison ; c'est alors que « s'accomplit en elles la phase capitale de la féconda- « tion, de la fructification ; c'est, en quelque sorte, le « but final vers lequel tendent toutes les forces vitales; « toutes les autres fonctions n'ont qu'une importance « secondaire et subordonnée à l'acte principal. » Cette loi naturelle n'est-elle pas aussi la loi de notre dévelop- pement individuel, intellectuel et social? Connaître, aimer, servir la vérité qui engendre le beau, le juste, le bien, l'utile..., n'est-ce pas là la formule qui doit gouverner ce développement? Toute science qui ne tourne pas en un désir de les réaliser en œuvres pratiques est froide, tout désir qui ne tourne pas en fruit, c'est-à-dire en bien faire, est inutile ou stérile. Agir , c'est-à-dire produire , est le but vers lequel doit tendre tout homme. Vous avez pensé ainsi, Monsieur; on sent en vous lisant, on comprend en voyant vos œuvres tout ce qu'il vous a fallu de ré- flexions, d'études, d'expériences, de temps et de soins absolument personnels pour obtenir de tels résultats. Les fruits de votre féconde activité sont multiples : c'est l'utilité d'une vie bien employée donnée en exemple, c'est l'amour du beau et de l'utile ne servant pas uni- quement à la satisfaction de plaisirs égoïstes, ce sont de bonnes méthodes propagées, ce sont ces nombreux mémoires remplis de faits et d'observations, c'est enfin le capital des générations disparues vivifié par le travail actuel et faisant comprendre et bénir la loi économique de l'épargne, qui prépare ces fonds abondants de salaires et de production. Tout cela est beau, attire l'estime plus que quoi que ce soit au monde, et me permet de résumer en un mot la raison qui seule a dicté à l'Académie un choix qui n'a jamais été mieux justifié : vous êtes un travailleur.

Amiens imp. de H. Yvert.

www.ingramcontent.com/pod-product-compliance
Lightning Source LLC
Chambersburg PA
CBHW060814280326
41934CB00010B/2690